부르짖는 눈물

이복섭 두 번째 시집
부르짖는 눈물

초판인쇄 2014년 11월 10일
초판발행 2014년 11월 17일

지은이_ 이복섭
발행인_ 이현자
발행처_ 도서출판 현자

등 록_ 제 2-1884호 (1994.12.26)
주 소_ 서울시 중구 수표로 50-1(을지로3가 4층)
전 화_ (02) 2278-4239
팩 스_ (02) 2278-4286
E-mail_001hyunja@hanmail.net

값 10,000원

ISBN 978-89-94820-17-0 03810

이 도서의 국립중앙도서관 출판예정도서목록(CIP)은 서지정보유통지원시스템 홈페이지(http://seoji.nl.go.kr)와 국가자료공동목록시스템(http://www.nl.go.kr/kolisnet)에서 이용하실 수 있습니다. (CIP제어번호 : CIP2014030524)

부르짖는 눈물

이복섭 두 번째 시집

도서출판 연지

시인의 말

저의 첫 시집 《드릴 것 있습니다》(2004년)는 전도하는 마음을 담아냈습니다. 이번에 모아 출간할 시편들은 감사와 감동 때로는 아픔을 기도 가운데 쓴 내용입니다.

사실 부끄럽지만 산다는 것에 감사함이 저의 시어詩語가 되고 시어는 곧 제 삶의 시가 되었습니다. 일본의 시바타 도요 여사가 99세의 고령인데도 마지막 숨을 거둘 때까지 깨끗한 시를 써서 세계인의 마음을 울렸습니다. 그에 비하면 저의 시는 모자라지만, 80 평생을 주님과 함께 하면서 감동을 받은 면면과 감사와 기도 그리고 찬송으로 어려움을 이기며 살아낸 제 삶이 녹아있습니다. 어쩌면 간증이라고도 할 수 있지만 새롭게 용기를 내어 두 번째 시집으로 묶었습니다.

이번 시집을 출간하기까지 많은 분들의 기도가 있었습니다.

찬송을 부를 때 춤을 추는 허명근 목사님과 김영옥 사모님 그리고 교우들이 함께 기도해 주셔서 감사합니다.

항상 웃음이 떠나지 않는 이정묵 목사님과 여미순 사모님, 이번에도 물심양면으로 후원해 주셔서 감사드립니다.

사랑이 넘치는 이충구 목사님과 윤영옥 사모님 늘 저의 건강을 위해 새벽마다 기도해 주셔서 고맙습니다.

생명을 솟아나게 하는 봄비처럼 요양원 사람들의 숨결을 들으며 사랑의 손길과 조용한 위로의 말씀이 천사와 같은 복지원 원장 신은섭 권사님과 박혜숙 권사님 늘 기도해 주셔서 감사합니다.

이번 시집을 나오기까지 편집을 위해 시간을 많이 내 주신 종합문예지 《착각의 시학》의 주간이신 중곡동 교회 박지연 권사님의 수고를 잊을 수 없습니다. 감사드립니다.

앞으로도 계속 집필할 수 있도록 기도 부탁드립니다.

2014년 10월

이복섭 드림

목 차

제 2 부
반딧불이

목 차

제 3 부
찬양

제 4 부
계단과 노인

목 차

제 5 부
생명수

제 6 부
복 있는 삶

현대판 고려장으로 버려진 나

찌그러진 깡통들
바람에 부딪치는 소리 요란하고
글씨 바랜 종이들은
제멋대로 날아다닌다

길은 없는데 비가 내리고
길은 없는데 눈이 내려
수없이 되풀이해도
내 갈 길 보이지 않지만

……

제 1 부

부르짖는 소리

회개

하나님이
날마다 창조하시며

좋았더라 하신
세상에 살면서

하루도 그 향기를
맛보지 못했다면

그날은
회개하는 날입니다

삶과 죽음

삶과 죽음의 매듭은 없다

날마다 말씀을 읽으면

하루에도 몇 번 죽음과 삶이

내 주변을 맴돈다

예배

창조주 하나님이
마련한 자리에
나를 초대하신다

나는 그 앞에
기뻐 춤을 추며
나간다

예배당

예배당은
자갈을 모으고
가시덤불
찌그러진 깡통들을 모아

그 위에
사랑의 기름을 붓고
주님이 피 흘리신
십자가를 세우셨다

나

나
말씀 듣고
씨 한 톨 싹이 나고

나
기도할 때
무릎 꿇고

나
구원 받아
감사하고

나
찬송할 때
춤을 추는

그런
나를
사랑한다

오늘 거듭난 사람

어제 본 사람
오늘도
그대로 보지마라

어제의 창조가
그대로가 아닌
다른 속사람 되었다

단풍은 신호등

아름다운 단풍이라
사람들은 즐거워한다

내가 본 단풍은
신호등이다

청청한 잎 때가 되면
붉은 색 노란색이다

붉은 색은 멈춰 서고
노란색은 기다리는 것

인생을 안내하는
표지판 같다

유언서

천지 만물을 창조하신
창조주 하나님을
기억하라

그가 만드신
모든 만물은
다 생명이다

하나님 앞에
나가기 위해
성결하여라

지진

앞 담장 밑 개미들이
일사불란 분주하다

높은 집 그늘에
나는 편히 쉬고 있다

오늘 밤
비가 오려나

빌딩 안에는
요란한 춤을 추는 사람들

노아 홍수 후
무지개로 막은 지진

준비 없는 우리는
무엇으로 막을까

한 그루 나무

어린 시절
나무 한 그루
사랑했는데
까맣게 잊어버렸다

청년기 성장하면서
애태우며
찾아보았으나
신기루처럼 아물거렸다

벼랑 끝자락에 서 있는
노년기에야 찾은 나무
사랑 나무 한 그루
생명 나무였다

물과 물고기

물은
아래로만 흐르고

물고기는
위로만 올라간다

그 숨은 사연
아름다움을 아시나요

왜 먼저 가셨나요

누나의 사랑 열매는
지금도 잘 자라고 있습니다

주님이 부르신
강 건너 가는 길
누가 막을 수 있을까요

막내와 나를 두고
뒤돌아보며 또 보며
얼마나 울면서 가셨나요

병석에서 서로 손잡고
울면서 기도 했는데

낙엽을 안고
홀연히 가버린 사랑

누나가 걸으신 발자국 따라서
나 홀로 걸어갑니다

지난날
밤낮 산에 올라 기도와 찬송
맛나는 음식 서로 입에 넣어주던

아름다운 추억의 보따리
싸리꽃 나무에 걸어놓고

못다 하신 자녀 사랑
내가 기도하고 있습니다

근심 걱정 없는 곳
약속하신 새 예루살렘에서

훗날 또다시 만나는 날까지
기쁘고 즐겁게 지내소서

부르짖는 소리 1

그렇게 무거웠던
수고와 슬픔 안고
고개고개 힘겨워 넘어왔는데
칠십 고갯마루 넘지 못 했네

현대판 고려장으로 버려진 나

찌그러진 깡통들
바람에 부딪치는 소리 요란하고
글씨 바랜 종이들은
제멋대로 날아다닌다

길은 없는데 비가 내리고
길은 없는데 눈이 내려
수없이 되풀이해도
내 갈 길 보이지 않지만

선한 자 악한 자
햇빛도 같이 받아
외로운 자 불의한 자

똑같이 내리시는 비

부한 자 가난한 자
같이 주시는 양식
버려진 이 광야에서
부르짖는 소리 들으셨다

시온에 올라
떡과 포도주를
먹고 마시게 하신다

영안의 문을 열어
영원한 기쁨과 즐거움의 언약
기억하게 하시고
잃어버린 길 인도해 주셨다

부르짖는 소리 2

여명의 빛 속에
사연을 안고 돌아설 때에

천사가 나타나
위로하셨다

기쁨도 감사도
아랑곳없이

어머니 품에서
울고 싶은 심령은

어머니 사랑 안에
묻고 싶은 마음

천사가 육선희 권사님 되어
지켜 주심을 감사기도 드립니다

작은 방
하나 있습니다
시간도 공간도
밤낮이 분별 없습니다
역청으로 바르고
정금으로 싸인 방

제 2 부
반딧불이

반딧불이

생명은 다른 생명을 낳고
길러진 생명은
또 다른 목숨으로 이어진다

척박한 이 땅
초라한 말구유에 오셨던
생명의 주님

농부가 씨를 뿌리듯
그 생명 받은 나도
다른 생명을 양육한다

기도의 물을 주고
사랑의 거름으로 가꾸는 정성
나날이 자라나는 소담스런 열매들

생명에서
다시 받는
반딧불이 사랑

문지기

주님의 성전에서
나는 작은 문지기

성전 깊은 곳 주님이 보존해 두신
거룩한 것들을 지킬 수 있도록

성령께서
날마다 가르쳐 주신다

충성된
문지기인 나

훗날 성결의 표
이마에 있어

잔칫상에 초대 받는
기쁜 소망의 날 기다립니다

생명

나는 고목나무
잎은 떨어져
바람결에 날려도

뿌리는
흙을 움켜잡고
몸부림 칠 때에도

주님은 얼마나 나를 사랑하는지
다음 새싹과 열매 맺기까지
함께 하십니다

여보세요

서낭당 고갯길 넘어 갈 때
전설의 고향 생각 나
부들부들 떨고 있는 사람아

황혼의 인생 길 오기까지
"예수 믿으세요"
들은 적 있나요

십자가 목에 걸고
서낭당 고갯길
넘어보면

가는 길
발에 등불이 켜 있어
길을 인도하십니다

왕십리

한 많은 사연 안고
긴 댕기 물들이고

구중궁궐
울고 가는 한 많은 왕십리

뻐꾸기 울고
부엉이도 울던

사연들이 머물다
응봉산이 되었는가

강물은
잔잔히 흘러가고

개나리꽃 축제 한 마당 속에
비둘기 춤을 추며 모여 든다

고요한 밤
십자가 불빛으로 늠름히 지켜주던

다시 불러 보고픈
내 고향 왕십리

부끄러운 가을

하늘은 높아 가지만
기도는 깊어지지 않고

단풍잎 빨갛게 물들어도
내 몸에는 보혈의 능력이 없습니다

산과 들에 익어 가는 향기 가득해도
내 몸에는 그리스도의 향기가 나지 않습니다

식탁에 과일 하나 놓여 있지만
심은 것 없어 먹을 수 없습니다

이 풍성한 가을에
탕자의 부끄러운 발 딛어 봅니다

묵상

조용히 묵상하며
머리를 내밀면
안수하여 주시고
기뻐하시는 주님

괴롭고 슬플 때
조용히 묵상하면
눈물 씻어 주시고
위로해 주신다

가슴을 열고
조용히 주님 떠올리면
말씀을 담아 주시고
힘을 주시는 주님

아무 말 없이
오직 주님만 사모하면
살며시 깃털로
덮어주시는 주님

새벽 기도

나의 숨결이
주님의 숨결에 묻혀

웅장한 세계가
창조되는 소리를 듣습니다

"오- 주여" 이 한 마디가
기도의 전부입니다

내 영혼에
주님이 주신 하루가

날개 침 같이
영공을 비상합니다

오두막 집

당신이 창조하신 생명이
골짝 오두막 집에서
지치고 곤하여
늙어가고 있습니다

봄 여름 가을 겨울
사철의 생명줄
실타래에 감고
연을 띄워봅니다

떨기나무 불꽃 속에서
나이 팔십에도
큰 사명을 주신
참 좋으신 하나님 고맙습니다

감사

젊었을 때 설계도가
성경책 갈피 되고

지금은
지팡이가 되었습니다

지난 세월
명주실 타래에 감으며

비록
응답이 없을지라도

내 입술에는 어느새
주님의 이름이 무성한 열매 되어

범사에 감사
감사가 넘치니이다

그때 그 시절

세상을 다 움켜쥐고
정열에 불타
열병을 앓았던
그때 그 시절

높은 산봉우리들
한숨에 올라
주의 이름을 부르짖던
그때 그 시절

산마루 바위틈에
핀 한 송이
그렇게 아름답던
그때 그 시절

백발이 되어
눈이 어둡고 귀가 먹어도
영으로 듣고
영으로 부르는 노래

지금은
어느 골짜기 나무에
한 톨의 열매가
조용히 익어갑니다

앞에 서면

화가의
그림 앞에 서면
이런저런 생각이 많지만

주님의
십자가 앞에 서면
내가 없어진다

겨울 골짜기

구름이 하늘을 가려
바람은 잠이 들고
폭포수는 얼어붙어
나무들도 헐벗은 겨울

이름 모를 나뭇가지 끝에
매달린 한 잎새가
차가운 눈雪을 안고
몸부림 친다

이 골짜기는
시간이 멈춰버렸는가
죽어야 산다는
진리를 깨닫는다

작은 방

작은 방
하나 있습니다

시간도 공간도
밤낮이 분별 없습니다

역청으로 바르고
정금으로 싸인 방

울고 웃다 지치면
시원한 샘물을 마시며

훗날 언약을 생각하며
나 홀로 즐기는 방입니다

제 3 부
찬양

찬양 1

하늘이 문을 열고
조용히
창조가 시작될 때

만물들이 다 찬양하며
땅은
생명을 잉태한다

내 영혼아
죽은 자 가운데서 깨어나
주의 영광의 빛으로 찬양하자

때로는 구름이 빛을 가려도
빛은 이슬로
내 영혼을 적신다

잡초 속에서도
높은 바위 절벽에서도 찬양하며
만물의 찬양소리 힘차다

주님이 주신 이 생명
주님 뜻대로
내 입술 평생 찬양의 잔이 넘치리라

강줄기 따라

나는
강줄기 따라
걸어왔다

소는
강 언덕에서 풀을 뜯고
우리들은 물장구를 쳤다

만경강 강가에서
뛰놀던 그 시절이
아스라이 떠오르고

지금은 강줄기 따라
한강 백사장에
엎드렸다

땅

너는 살을 깎아내리고
높이 쌓아 올리며
콘크리트에 짓눌리기도 한다

그래도 말없이
틈새로 생명을
밀어 올린다

날마다
이슬을 머금고 사는
축복의 땅이여

나무와 풀과 채소와 꽃
생명을
바치는 위대함

생명을 키워내는
어머니의 사랑
따뜻한 가슴이다

벤치에서

사람들은
내 곁을 다 떠나고

그림자도 없는 벤치에서
지팡이와 함께 하는 쉼터

나 혼자만이 숨겨 놓은
새 노래를 부를 때

곡은 없어도
지팡이로 장구치면

나비가 춤을 추며
꽃들이 즐거워한다

새들이
받아 부르는 노래

별들이 함께 하는 밤
벤치의 나는 외롭지 않다

다시 돌아보라

슬픔과 눈물로
돌아가는 인생들
바람은 구름을 싣고
산마루를 넘으면
잡초 끝 매달린 이슬방울은
우주를 껴안는다

하나님의 신비가
가득한 세상
다시 돌아보는
눈이 열리니
슬픔과 눈물이
보석이 되었다

성령을 따라

주님은 젊음을
다하지 못하고
내 가슴에
묻어놓고 가셨나요

성령의 위로가
나를 에워싸도
백발이 된
지금도 울고 있습니다

금요일 밤마다
내 머리가 땅을 치면
땅도 울고
별도 웁니다

피다 만 꽃송이
가슴 아픈 4월에는
당신 생각에
더욱 흐느낍니다

성령 따라
세상 소욕 버리고
성령의 아홉 열매
속사람이 맺겠습니다

당신을 찾습니다

"네가 어디 있느냐"

당신을 찾습니다
팔을 벌리고 서 있는 십자가

달려가 보세요

그리고
내가 여기 있습니다
말씀하세요

순간
사랑의 두 팔로
당신을 안아 줄 겁니다

근심과 걱정
슬픔과 괴로움이
다 살아질 것입니다

그 따뜻한 온기 속에
한 많은 사연을 다 털어놓고
마음껏 울어 보세요

창조

주님 창조의 솜씨가
어찌 그리 아름다운지요

파란 커튼에
보석을 뿌리고

낮에는 햇빛으로
밤에는 달빛을

사방 모퉁이에서
바람을 잡고 흔들면

바다는 출렁거리고
구름은 허리를 휘감아 돕니다

새가 새끼를 낳고
소는 언덕에서 풀을 뜯으며

사람은 하늘을 보고
씨앗을 뿌립니다

"하늘은 나의 보좌요
땅은 나의 발등상이라"

너무 놀라운 주님 말씀에
엎드렸습니다

씨 뿌리는 봄

씨앗 가게에 발을 멈추니
상추씨 열무씨 고추씨 가지씨
종류도 많다

저 씨를 다 뿌리려면
넓어야 할 땅
내가 가진 밭은 겨우 한 뼘이다

복음의 씨 사랑의 씨 봉사의 씨는
밭 넓지 않아도
사랑으로 거름하고 생명의 씨 맘껏 뿌린다

찬양 2

눈보라 치는 광야에서
어린 손 슬며시 놓고 가신 어머니
울다 지쳐 백발이 되었습니다

어느 날
남쪽에서 불어오는 바람을 타고
내 귓가에 머문 찬양

지난날의 눈물을 닦아 주는 찬양
위로하고 감싸고 기쁨 주는 찬양
어머니의 사랑을 안고 온 찬양

내가 성산에 올라
다시 부르리라
주님 빛 가운데 서서 부르리라

〈김기임 전도사 찬양집에서〉

주름이 많아도

젊은이들의 얼굴은
어찌 그리 고운지

늙어버린 내 얼굴
주름살뿐이다

보잘 것 없는 얼굴이지만
하나님 약속 지키며

이가 없어도
말씀은 새김질할 수 있다

얼굴은 보는 이 없지만
영의 귀가 있어 주님 음성 들린다

주름투성이 초라해도
구분 허리로 주님의 산성 오를 수 있다

어느 날 새벽기도

오늘도 새벽기도 시간에
조용히 무릎을 꿇습니다

기도의 응답이 당장 없어도
주님과 함께 함이 너무 좋습니다

내 삶이 낙엽처럼 묻혀 질 생명
"네가 나를 사랑하느냐"

주님 음성에 놀라
통성으로 기도했습니다

낙엽

산골짝 흐르는 물에
낙엽들이 떠가고 있다

다시 올 수 없는 낙엽아
나 아직 여기 서 있어도

어느 날 너처럼 떨어져
영원히 돌아오지 않고 흘러가겠지

어느 날

가족의 사랑은
어렵고 힘들 때
손잡고 위로해
소중하다

그러나 나는 상처입은 영혼
혈육과 평생 손잡지 못할 아픔
주님 내 손 잡아 주시고
산마루에 올려놓으신 사랑

외로운 어느 날
주님 음성 들려와
너무 벅차던 그날
그날부터 감사의 나날

제 4 부
계단과 노인

바통 터치

경주자들이 달려가다
바통을 넘겨주면
선을 넘지 않는
규칙을 새겨야 한다

어떤 사람은 믿음을
어떤 사람은 사랑을
어떤 사람은 충성을
어떤 사람은 씨 뿌림을

성결을 받은
나의 바통
숲과 늪 사이
좁은 길을 달려간다

외롭고 힘든 길
갈보리 언덕을 바라보며
오늘도 지팡이에 힘을 주고
또 달린다

강단의 화분

강단의 화분에 물을 주면
뿌리가 빨아올리는 소리
잎도 받아먹는 소리 들린다

우리는 단에서 흐르는 생명수를 마시면
믿음의 뿌리에 내려가
진리의 액이 혈관을 타고 흐른다

어느 골짜기

어미 새가 먹이를 물고
둥지를 드나드는 소리

개미들이 험한 길 넘나들며
먹이를 나른다

뿌리를 거쳐
계곡 따라 아래로 흐르는 물소리

이 골짝에도
아름다운 창조가 쉼 없이 넘치고 있다

활

아이들이
벌집을 향해 활을 당기면
벌들도
화가 나 아이들을 공격한다

사람들이
로켓트를 발사해 전쟁을 하면
하나님이 창조하신 자연은 황폐해져
그러니 사람들은 활을 버려야 한다

겨울 나그네

갈 길 멀고
눈은 오는데
해도 져
홀로 걸어가는 겨울 나그네

아무리 어두워도
예수님과 함께 하면
세상이 밝아
외롭지 않다

정월 초하루

태양이 광명을 안고
힘차게 떠오르는
정월 초하루

음악가의 새 노래
화가의 화폭이 아름다울 날
시인의 행간이 감동이다

나
올해는 좋은 씨앗으로
포도나무가 무성하리라

가슴에 눈물

당신의 말 못할 사연들
가슴에 눈물 고여
마음이 아프시나요

갈 곳 없고
울 곳조차 없을 때
십자가를 부여잡고 대성통곡해 보세요

당신을 두 팔로 껴안으시는 예수님
수많은 사연들을 내려놓으면
사랑의 주님 그 눈물을 닦아 주십니다

민들레

가물어 맨 땅 들녘에
어쩌다 홀로 핀 민들레

바람이 불면
씨를 날리고

촉촉한 땅 만나면
뿌리 내린다

해와 달이 기뻐 바라보면
주님도 활짝 웃으신다

봄

한 여인이
비싼 향유를
주님의 발에 부었다

향유 속에 숨겨진 진리
생명의 꽃을 피워
세상은 향기로 가득하다

주님의 부활을 예비하는 봄
죽음에서 승리하신 주님
우리도 함께 살았다

꽃 한 송이

메마른 골짜기
꽃 한 송이 피어 있다
발길은 드물지만
빛깔도 향기도 곱다

연약한 몸
비바람 이겨내며
머무는 이 골짜기
십자가 사랑으로 더 고와라

문지방

오늘도 일찍이
성전 문지방 앞에 섰습니다

생수가 흐르는 곳
욕심과 우상을 안고는 넘을 수 없습니다

성령의 불로
미움과 욕심을 태워

성결의 표를
이마에 붙이고 넘게 하십니다

계단과 노인

오늘 지팡이를 의지하여
계단을 오른다

때로는 발을 헛디뎌
뒹굴기도 한다

승강기를 타면
빠르게 오르겠지만

숨을 헐떡거리며
쉬었다 오른다

뒤돌아보면 많이 오른 것 같은데
그 자리 맴돌고 있다

24층 오르기는 까마득해
종탑 위 십자가에 고인 이슬방울 위하여

오늘도 힘을 다해
믿음 계단 오르는 노인

강가에서

강가에 앉아
배 한 척을 본다

강물은 잔잔히 흐르다
요동친다

끝없이 흐르는 강물 속에
공의와 사랑도 흐르리

돛대 위에는 이정표가 보이고
삿대에는 성결 정결 성결 정결……

소리

등산길에
잠시 나무를 기대고 쉬면

묵상 중에
바람소리 물소리도 들린다

새가 노래하고
생물이 꿈틀거린다

무슨 소리일까
하나님의 숨결일까

꿩 한 마리 화들짝
날라든다

다시
듣고 싶은 귀한 소리

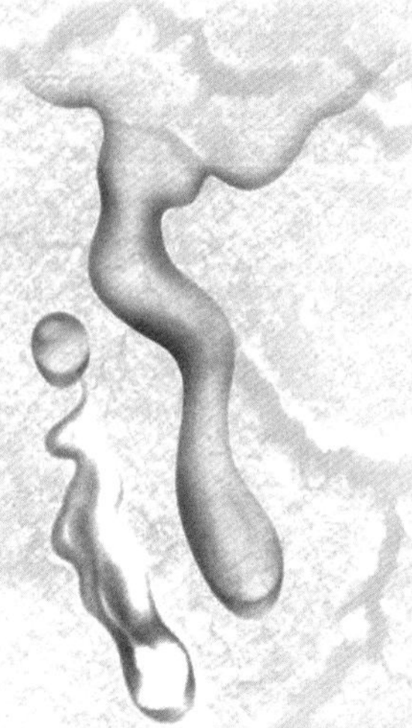

생명수
땅 깊은 곳을 흘러
모든 뿌리에 가 닿는다

불이 나서
땅이 갈라져도
한 송이 꽃을 피우는 생명수

제 5 부
생명수

첫날 새벽

함박눈이 내립니다
조용히 내립니다

아무도 밟지 않는
눈 위를 걸어갑니다

온 세상 하얀 땅 위
새벽닭이 홰를 밝게 치며 웁니다

지팡이 하나 의지하고
올라갑니다

거주 이전 첫 시간
가지런히 놓인 의자에 앉아

나를 인도하신 주님께
감사의 헌금을 준비합니다

작은 꽃

절벽 바위틈에
이름 모를 작은 꽃 한 송이

비가 오면 비 온 대로
바람 불면 흔들흔들

연약한 몸
하늘만 보고 있습니다

햇빛 달빛
좋아 거기 피었습니다

지나는 이 없어도
너와 나 주님과 함께 속삭입니다

내 얼굴

젊은 여인의 얼굴은
예쁘기도 하여라
황혼의 마지막 빛 속에
내 늙은 얼굴은
어찌 보일까

내 머리 위에
진선미의 기름을
부어 주시어
새롭게 단장한
내 얼굴은 어떻게 보일까

어디로 가셨나요

해가 뜨고 지고
강물은 그대로 흐르는데

내 손 잡아 산마루에 올려놓고
어디로 가셨나요

바람은 구름을 싣고
내 자리를 넘나드는데

울다 지친 날 두고
어디로 가셨나요

새가 되어 날을까요
사슴 되어 뛸까요

주여
어디로 가셨나요

가을

갈 바람은
수평선 너머 불어와
물결은 출렁이고

원두막에 벗어 놓은
밀집모자에
잠자리가 자리 잡고

코스모스
흔들리는
들녘에는 황금물결이

이슬이
소리 없이 내리는 밤
눈물로 감사하는 가을

갈대밭

갈대밭
길이 없어도
걷고 싶다

키 큰 갈대
바람 따라 부는 대로
함께 출렁인다

논병아리들 물장구치면
모두 다 박수치며
즐거워하던 갈대밭

오늘도
하얀 갈꽃이 구름 따라
삶을 지탱하고 있다

뇌성

산골짝에
이슬을 맞는
묘비들

번개는
동에서 번쩍
서에서 번쩍

뇌성이
하늘과 땅을
흔든다

더 큰 뇌성이
졸고 있는
나도 깨운다

강강수월래

장단 맞춰 들려오는
피리소리

장구소리 맞추어
너울너울 춤을 춘다

강강수월래 부르는
진도 아리랑

슬픔도 아픔도
둥근 달 속에 묻어버리고

진도 여인네들 한을 안고
돌고 도는 강강수월래

사랑나무

지난날의 고난과 슬픔을
생각하지 말자

씨앗들이
부활의 꿈을 꾸며 꿈틀거리고

생명수 강가에서
호흡 같이 하며 손잡고 일어서자

내일의 기쁨
축복의 땅에 사랑나무 함께 심자

백설

하얀 눈이
소복소복 소리 없이
산에도 들에도 내린다

지난 세월
눈 속에 묻어버리게
하늘의 축복 하얗게 내려 주소서

생명수

가시덤불
엉겅퀴 속에서도
한 송이 꽃은 피고

생명수
땅 깊은 곳을 흘러
모든 뿌리에 가 닿는다

불이 나서
땅이 갈라져도
한 송이 꽃을 피우는 생명수

겨울나무

잎이 청청해
무성하던 나무
새들의 보금자리

잎들이 다 떨이져
추운 겨울나무
비바람 홀로 맞는다

눈 덮인 앙상한 나무
고개 들어 하늘 보며
묵상의 열매 맺는 겨울나무

정혼

어느 카페에서 만나
사랑을 키우고
포도주 마시며 언약한 정혼

젊음의 정열 함께 태우며
단장한 신부
신랑 오기만 기다리는 애타는 마음

바람

바람에
바닷물이 요동치고
나무들이 넘어진다

광활한 우주 속에
아주 작은 나
언제 어떻게 날아갈지……

보도블록 사이
작은 풀잎 하나
사람들의 발길에 밟혀도

다시 일어서는
굳건한 모습
대견하다

제6부

복 있는 삶

함께 살자

너는
내 곁에서
언제까지 머물건 지

슬픔아 고통아
손사래 치고 싶지만
이제 차라리 함께 살자

나

지난날
모진 고난의 바람이

지금 생각하면
유익이라

그 어려움 없었다면
어찌 하나님 사랑 알 수 있을까

바닷가에서도
높은 제방 쌓아 올리고

하나님을 경외하는
새 계명 높이 세웠고

선한 싸움 이기려
전신갑주를 입었다

생명의 씨

검불 속에서도
바람 따라
생명의 씨는 싹이 트고

이름 모를
한 송이로 피어 날
축복의 작은 꽃

하나님 솜씨 아름다워
천사도 주를 찬양
하늘과 땅이 노래 부른다

풀잎 하나

보도블록 사이
작은 풀잎 하나
사람들의 발길에 밟혀도

다시 일어서는
굳건한 모습
대견하다

나도 긴긴날
이리저리 밟혀도
주님 사랑 하나 붙들고 살아냈지

첫사랑

미련한 나
언제 어디선지 모르지만
당신을 만나
첫사랑을 간직했습니다

내가 대성통곡할 때
안아주시고
위로해 주신 사랑
수많은 추억이 있습니다

밤에는
별을 보고 물어보고
낮에는
구름에게 물어봅니다

어느 때
슬픔에 젖어 당신을 찾지 못해도
당신은 어느새 나를 품고 계셔
언제나 든든한 사랑입니다

수繡

누나가
수틀 위에
수본을 그린다

수낭을 꺼내
수본 위에
색실로 놓는 수

색실마다
요술을 부려
놀라운 자연을 그려 낸다

행복한 자

너 젊었을 때
토단을 쌓아라

해바라기 기름으로
밤낮 등잔불이 꺼지지 않게

위로는
좌우에 창을 만들고

사랑과 공의가
드나들면

너는 평생에
행복한 사람일 것이다

죽절竹節

주님
홀로 사는 것이
힘들어도

나
가는 길에
홀가분하여 좋습니다

삶의 마디마디 마다
죽절처럼
비우면서

주님
십자가의 길
외로워도

생명수 강가에서
생명나무 열매
바라보며

오늘도 걸어가는 길
성령님이
도와주십니다

복 있는 삶

울면서 태어나
미로에서
헤매는 삶이지만

산과 들과 공중에서
힘차게 살아가는 짐승들
사연을 아는 자는 복이 있도다

주님의 빛으로
날마다 감사의 웃음이
넘치는 자는 복이 있도다

십자가

감사의 눈물을 보시고
주님이 세워주신 십자가

바람 불고 눈보라 쳐
나의 십자가가 흔들리고 있습니다

땀과 피와 눈물로 세운 십자가
나의 버팀목 되었으나

보는 이마다
손가락질합니다

십자가 앞에 무릎 꿇고
기도하며 봄을 기다립니다

새벽 별

차거운 바람을 뚫고
새벽 별 헤이며
교회 가는 길

사랑의 찬송 부를 때
12 궁성이
성전에 가득합니다

새벽을 사모하는 마음
평생에 즐겁고
기쁜 나날 되게 하소서

용서

주여
이제 나도
그리스도와 함께
십자가에 못 박아 죽고

내 안에
그리스도만 살아서
나를 고려장으로 버려 버린
그들을 다시 생각합니다

언제나
원망이 앞서지만
주님께 맡기고
용서하다 주님 곁에 가게 하소서

시인의 탄생

–이복섭 시집 『부르짖는 소리』를 읽고

박지연
(시인 · 수필가 · 『착각의 시학』 주간)

여기 이복섭 장로님이 시인으로 탄생했다.

시인은 일찍이 시를 사랑하여 젊은 날부터 시인을 꿈꾸어 왔다. 그러나 시인은 기독교 신앙이 깊어 젊은 날에는 가진 것 다 바쳐 개척교회를 통해 하나님의 선교사업을 하며 삶의 기쁨을 삼았다.

그러나 꿈꾸던 시인의 길은 멀리 달아나 버린듯했지만 인생의 고비 칠십을 넘어 2004년 노년에 들어 간절한 마음으로 쓴 신앙시를 묶어 《드릴 것 있습니다》라는 제호로 첫 시집을 상재했다.

거기에 끝이지 않고 믿지 않는 더 많은 분들에게 주님의 광대한 사랑을 전하고자 미력하나마 꾸준히 기도문을 써 왔다.

그간 쓴 시가 쌓여 10년 만에 다시 시집을 발간하려 한다. 그는 고령의 나이로 세상을 뜨기 전에 주님의 사랑을 감사하는 마음으로 전하고 싶어했다.

그에 앞서 2014년 9월 종합문예지 《착각의 시학》 가을호에 〈벤치에서〉 〈비 오는 밤〉 〈어느 노인〉 세 편으로 소원이시던 시인의 꿈을 이루시고 당당히 시단에 오르셨다.

하나님과의 동행

이 시인은 시인이라는 이름이 부끄럽다고 겸손해 하신다. 하지만 80 고개를 훌쩍 넘기신 시인은 노년을 사는 삶의 가치를 주님과 동행하면서 어려운 고비마다 힘겹게 넘고 넘기신 사연을 주님께 기도하고 이를 시로 승화하는데 보람을 가졌다.

몇 년 전 일본의 시바다 도요 여사가 99세의 고령으로 써 내려간 담담한 시가 혼탁한 세상의 찌들은 영혼들에게 큰 위로와 청량감을 선사하고 마지막을 아름답게 수를 놓으며 떠나가듯이 시인도 84세인 고령에 외로움과 아픔을 모두 주님께 맡기고 평화와 안위를 얻으며 시를 쓰는 기쁨으로 여기 이 시간까지 왔다고 할 수 있다.

시인의 삶은 오직 하나님이 기뻐하시는 '영혼구원'의 사명을 감당하려 애써 왔다. 하나님은 한 영혼이 천하보다 귀함을 말씀하셨다.(마 16 : 26) 주님과 동행을 더욱 소중히 여겼다.

부르짖는 소리

이 시인의 삶은 평탄치 않았다. 마치 바울이 죄수의 몸으로 로마에 압송되면서 바울이 탄 배가 지중해 연안 그레데 해변을 끼고 항해하다가 '유라굴로'라는 광풍을 만나 배는 항로를 잃고 바람 부는 대로 표류한 것이 이 시인의 마지막 삶과 닮았다. 바람은 걷잡을 수 없었고 해도 달도 별 조차 보이지 않는 극한 상황에서 파멸이 다가옴을 두려워 여망이 없었다.(행 27 : 9-20) 그러한 위기 상황은 한 가닥 소망마저 사라졌다는 순간을 맞기도 했다.

그렇게 무거웠던
수고와 슬픔을 안고
고개고개 힘겨워 넘어왔는데
칠십 고갯마루 넘지 못 했네

현대판 고려장으로 버려진 나

〈부르짖는 소리 1〉 1연

칠십 고개는 인생에서 가파른 고개이다. 부양하는 가족이 보살펴야 하는 시기이다. 몸도 마음도 연약하여 가족이 돌보지 않으면 안 되는 시기에 알지 못하는 곳에 홀로 남겨 두고 가족은 모두 사라졌다. TV에서 보면 어느 터미널에 내려놓고 곧 오겠다고 말하고 가버린 자식들, 또 어느 섬에 내려놓고 곧 데리러 온다는 말만 믿고 하염없이 기다리는 노인들, 이런 류의 현대판 고려장으로 기다리다 굶어 죽거나 동사하기 일쑤다. 고려시대에 고령인 어머니를 지게에 지고 산속 깊은 곳, 찾아 올 수 없는 곳에 내려놓고 오면 홀로 춥고 배고파 절로 객사하는 악습이 아직도 남아 있다.

칠십 노인이 홀로 살기에는 너무도 거친 세상이다. 나는 이 대목에 들어와 눈물이 나 계속해서 시를 퇴고할 수 없었다. 누구라도 칠십 고개는 비켜갈 수 없기 때문이다.

찌그러진 깡통들
바람에 부딪치는 소리 요란하고
글씨 바랜 종이들은
제멋대로 날아다닌다

〈부르짖는 소리 1〉 2연

그의 눈에 비친 세상은 그의 슬픈 마음과는 아랑곳하지 않고 요란하다. 어느 것 하나 붙들고 의지할 수 없는 황막한 환경이 가로 놓여 눈물 나게 한다. 아무리 발버둥 쳐도 그가 갈 곳은 없고 날씨마저 추운 날 방향 잃은 가여운 노인을 인도 하시는 분이 계시다.

행 27 : 23-24에는 "내가 속한 바 곧 내가 섬기는 하나님의 사자가 어젯밤 내 곁에 서서 말하되 바울아 두려워 말라. 네가 가이사 앞에 서야 하겠고 또 하나님께서 너와 함께 일 하실 것을 선포한다." 하나님이 살아 계심을 증거하는 계기로 삼는다. 바울은 절망 속에서도 하나님 음성에 귀를 기울였던 것이다.

선한 자 악한 자
햇빛도 같이 받아
외로운 자 불의한 자
똑같이 내리시는 비

부한 자 가난한 자
같이 주시는 양식
버려진 이 광야에서
부르짖는 소리 들으셨다

〈부르짖는 소리 1〉 4, 5연

바울은 해도 달도 보이지 않는 위기를 통해 로마에 가서 복음을 전하는 일이 얼마나 소중한지 깨달음 같이 이 시인도 주님의 음성 따라 주님이 주신 약속을 굳게 믿어왔다. 하나님의 음성을 듣는 것이 곧 영혼이 사는 길임을 굳게 붙들고 이 시인은 승리의 삶을 살고 계신 것이다.

문지기

제 2차 세계대전 당시 3년을 아우슈비츠 수용소에서 지냈던 생존자 빅터 프랭클은 유대인이라는 이유로 수용소에 갇혔다. 부모형제는 죽거나 가스실로 보내졌다. 그 안에는 절망으로 먼저 죽어가는 사람도 있었지만 희망을 가지고 살아남는 사람도 있었다. 그 자신도 원고를 빼앗기고 죽음을 기다리는 상황이었지만 그 모든 죽음의 과정을 기록하겠다는 열망으로 견뎌냈다. 그는 그 경험을 통해 "인생에 있어서 가장 중요한 것은 희망이다"라고 역설한 것으로 유명하다.

주님의 성전에서
나는 작은 문지기

성전 깊은 곳 주님이 보전해 두신
거룩하 것들을 지킬 수 있도록

성령께서
날마다 가르쳐 주신다

〈문지기〉 1, 2, 3연

훗날 성결의 표
이마에 있어

잔칫상에 초대 받는
기쁜 날 기다립니다

〈문지기〉 5, 6연

가족은 자기를 버렸지만 주님의 은혜로 주님의 성전의 작은 문지기를 할 수 있다면 뭐든 참고 성실히 지내리라. 그리하여 성전 깊은 곳에 주님이 보전해 두신 거룩한 것들을 힘을 다하여 지킬 수 있는 문지기가 되리라. 충성된 문지기가 되는 게 그의 희망이다. 훗날 잔칫상에 초대 받는 기쁜 날을 위해 어떤 고난도 이기려고 그는 희망을 안고 산다.

성령을 따라

사도 바울은 갈라디아 교회에 보낸 편지로 "내가 이르노니 너희는 성령을 따라 행하라"(갈라디아서 5 : 16) 라고 말씀 하신다. 성령을 따라 살지 않으면 육체의 소욕을 따라 살게 된다. 우리는 원망하고 슬퍼하는 겉사람이 아니라 속사람으로 거듭나야 한다.(베드로 전서 3 : 3-4) 속사람이 빛나는 보석이 되려면 삶속에 성령의 열매를 맺어야 한다.(갈라디아서 5 : 22-23)

성령의 열매는 사랑과 희락, 화평과 오래 참음과 자비와 양선과 충성, 온유와 절제의 아홉 가지 열매를 맺기 위해 힘쓴다.

성령의 위로가
나를 에워싸도
백발이 된
지금도 울고 있습니다

금요일 밤마다
내 머리가 땅을 치면
땅도 울고

별도 웁니다

〈성령을 따라〉 2, 3연

성령을 따라
세상 소욕 버리고
성령의 아홉 열매
속사람으로 맺겠습니다

〈성령을 따라〉 5연

시인은 원망과 육신의 소욕을 버리고 성령 따라 살아가는 사람이 되고 속사람으로 태어나기를 힘쓰며 다짐한다.

용서

섭리하신 하나님은 형들이 요셉을 노예로 팔아넘긴다. 요셉은 애굽에서 의롭게 살려 했지만 모함을 받아 옥살이를 한다. 그러나 하나님은 하나님 방법으로 애굽의 총리로 세우신다. 총리가 되어 정원을 산책할 때 누군가 용서를 빌며 애원하는 자들이 있었다. 그들은 요셉의 형들이었다. 지난날 형들이 요셉에게 범했던 극악한 죄를 용서해달라는 것이었다. 열 명의 형들이 동생 요셉을 미디안 상인들에게 팔아 버리고 요셉의 옷에 짐승의 피를 묻혀 짐승에게 찢겨 죽었다고 거짓말을 했다. 이로 인해 야곱은 평생을 고통과 슬픔 가운데 지냈다. 그러나 이제 형들의 얼굴을 볼 때마다 분노가 치밀고 손이 떨렸지만 그 순간 요셉은 소리 내어 "하나님 어떻게 저들을 용서할 수 있습니까"라며 통곡했다. 그런데 하나님은 요셉에게 용서하라고 하신다.(창 50 : 17-20)

"용서하라. 요셉아! 형들을 용서하라."라는 음성이 귓가를 때린다. 하나님은 잠 못 이루고 고통하는 요셉에게 찾아와 "요셉아, 형들이 너를 대상에서 판 것은 사실이다. 이는 너의 가족을 기근에서 살리기 위한 나의 계획이요, 섭리다"라고 말씀하실 때 풀리지 않았던 수수께기가 조금씩 풀리며 섭리자 이신 하나님께서 요셉을 애굽으로 부르신 뜻을 깨달았다. 형들을 용서하고 섬기는 마음을 주셨다.

주여
이제 나도
그리스도와 함께
십자가에 못 박아 죽고

내 안에
그리스도만 살아서
나를 고려장으로 버려 버린
그들을 다시 생각합니다

언제나
원망이 앞서지만
주님께 맡기고
용서하다 주님 곁에 가게 하소서

〈용서〉 전문

가족에게 버림받고 고령의 나이에 남은 삶이 얼마나 외롭고 서러워 몸부림쳤을까. 그러나 오직 주님께 의지하며 항상 기뻐하고 여기까지 지켜주신 주님의 말씀 따라 그들을 용서하기로 한다.

독거노인

이복섭 장로 시인은 독거노인이시다.

65세 이상 노인 5명 중 1명이 보살펴 줄 사람이 없는 홀로 사는 독거노인으로 조사 되었다. 독거노인 수는 2010년 105만 6000명에서 2013년에는 125만 2000명으로 20만 명 가량 크게 증가 했다. 2000년 독거노인 비율은 16%에 그쳤지만 2013년에는 20.4% 늘었다.

독거노인들은 일상적으로 질병 등의 대처가 어렵고 사회와의 관계가 단절된 데다 절대 빈곤에 시달리며 외로움에 떨고 있다. 그래도 다행히 국가의 보살핌이 큰 위로가 된다. 이복섭 시인은 84세의 고령의 나이에도 영혼이 맑으며 애통 속에서도 주님의 불꽃같은 사랑으로 지켜 주심에 늘 감사 한다. 독거노인에 대한 관심과 눈이 사회 전반에 다시 뜨게 되기를 간절히 바란다.

사람들은 노인을 버렸지만 예수님은 그들을 소상히 보살피신다. 드라크마를 잃은 여인은 등불을 들고 찾는 세상인데 홀로 대로에 남겨둔 불쌍한 사람을 본체만체 눈 감지 말고 그들에게 사랑을 나누라고 한다. 우리가 찾지 않는 많은 길 잃은 양이 지금도 갈 곳을 찾아 헤매고 있다.(누가복음 15 : 8-10)

시간적 제약으로 출판을 조금 후에 미루려 했으나 모든 것을 제쳐 놓고 먼저 마칠 수 있었던 것은 여름보다 가을에 접어들어 더욱 수척해지신 모습을 보고 돌아가실까 마음이 조마조마 무척 졸였다. 주님의 돌보심으로 서둘러 잘 마칠 수 있어 감사드리고 독자의 한 사람으로 시집의 출간을 진심으로 축하드린다.

중곡동 장로교회 권사 박지연 드림

지난날
모진 고난의 바람이

지금 생각하면
유익이라

그 어려움 없었다면
어찌 하나님 사랑 알 수 있을까